Life Extends Outward:

A Collection of Poetry

Jennifer Gurney

ISBN: 978-93-6354-608-0

First Edition: 2025
Rs. 200/-

Cyberwit.net
HIG 45 Kaushambi Kunj, Kalindipuram
Allahabad - 211011 (U.P.) India
http://www.cyberwit.net
Tel: +(91) 9415091004
E-mail: info@cyberwit.net

Printed at Repro India Limited.

Dedication

Life Extends Outward: A Collection of Poetry is dedicated to my dear friend Sandy Fisher.

With love and appreciation as she continues to show us all about living life to the fullest and with such wonderful grace.

keep, throw, donate
my cat sleeps on the keep pile

***

watching my new class
all the little kindnesses...
I begin to breathe

***

stars
reflected in your eyes
still

***

though you are gone
you will be here, still
in the ripples

***

there will never be
another picture of you, of us
trying to breathe

valleys and plateaus
where I catch my breath
from life's curveballs

***

getting through practice
throwing with my high school son
ice packs, after

***

waking up
on a weekend
serenity

***

the rush
between the rocks
deafening

***

your handwritten notes
brings you back to me
one letter at a time

first trip to Vegas
upgraded to a suite
played my cards right

***

morning light
on my bare skin
treasure

***

cooler full of meals
train trip through the Rockies
adventure of a lifetime

***

every now and then
out of the blue
I feel your hands massaging my feet

***

the air softens
after the sun sets
day gentles

floating
on the surface of your masterpiece
beside the water lilies

***

childhood crush
posters on my wall
cherish is the word

***

jet-black coffee
just-the-right-amount of milk
to lighten the load

***

evening patio
my cat, summer and I
the gentle air our company

***

memories linger longer
than the stiffness from
our last road trip

it's a
four-fruit-in-my-summer-smoothie
kind of day

***

coffee and blueberries
chickens everywhere
Michigan front-porch morning

***

criss-cross chairs
dads in bermuda shorts
1970s front porch summer

***

popsicles melting
faster than our tongues can lick
summer front-porch day

***

sidewalk chalk
on the porch in the shade
sticky summer day

Monopoly on the porch
sheltered from the rain
summer

***

hanging on the swing
dangling my feet
overhearing gossip…

***

a drink from the hose
bikes toppled over in the yard
front porch neighborhood reverie

***

still standing
front porch swing that I built
forty years later

***

rain tapping
on the tin roof
my front porch

munching on a volunteer
under the patio table
cat nip

***

for the past two months
my heart has been living somewhere else
since you died

***

sharing the good and bad
spoken aloud in my heart
to you across the divide

***

dreaming
myself a photographer
snap

***

so much
of summer lost
grieving you

dreaming onto the page
I write a grant proposal
artist-in-residence

***

I can't shake
the memory of you
not that I want to…

***

weighted blanket
on my lap
snoring

***

turning the page
on summer
bittersweet

***

clouds on horizon
wind sweeps the rose's petals
electricity in the air

the driver
raises the roof
thunderstruck

***

sunlight reflecting
off my neighbor's window
house of the rising sun…

***

rubbing on the touch screen
of my computer
are you trying to write this poem?

***

blue, pink
enter into the inky black
new life

***

a rose
at the edge
of my view

trying to
intentionally heal
two and a half weeks in…

***

last night
had my first dream with you in it
from heaven

***

on the border
of spring and autumn
summer ice

***

melting in my glass
amidst the tangy sweet of summer
ice

***

every decade or so
I have the same exact nightmare—
late for a college final exam

I just called your phone
to hear your voice
17 days, now

***

with this ring
I thee wed a thousand times over
each morning, each evening

***

the peaks of love
live long past their lifespan
uplift forever

***

when I'm out of ideas
of how to fill this endless day
I go outside

***

just realized
my new cat is the same age
as my students

your light
through my window
arise!

***

how bright the light
stunning to see
the clock reads 5:56 a.m.

***

seeing my son
the happiest he's ever been
my heart explodes at I do

***

sunshine
on my rolled-up, bare-armed skin
the warmth of joy

***

on the edge of spring
death looms large
cognitive dissonance

when you know
it's your last days
togetherness

***

every
chance I get
I give thanks...

***

no matter what I do
mind of its own
curly

***

a bit
of every fruit I have on hand
summer bliss

***

curled up with you
transported to another world
one page at a time

processing grief
one poem at a time
the pain of letting go

***

raw grief on my canvass
too painful to see
I cover it up with love

***

when you
disparage my faith
I pray for you

***

canyons and vistas
front-row view
what a drive!

***

cat on my lap
anything is
impossible

a little too dry
crumbling around the edges
my pie crust

***

such a big heart
for such a small
friend

***

building
bridges
together

***

anticipating
greeting my family
just a few days

***

learning
onomatopoeia
crash

just learned... hospice
a childhood memory floats in
Christmas Eve carols with you

***

years gone, now
mom, then grandma
but still, Mother Nature

***

this only thing accomplished
this week between holidays at year's end
procrastination

***

one doesn't need champagne
to fondly remember the old
or ring in the new

***

in the window's
reflection
you shine on

your star
shined so bright in the dark
lighting our way

***

bad star to follow
misalignment of planets
disaster ensues

***

sun's
good morning
kiss

***

every Saturday
rain or snow or shine
hoping for change

***

thrown a six to start
it's all downhill
from there

dang succulent
first mosquito bite
of the season

***

sunshine-y day
gentle, rainy night
true happiness

***

just the thought of you
the very thought of you
happiness

***

every snuggle
every purr
and that one white whisker

***

on the way home
from dinner out with a friend
red-light mountain sunset

since the opposite
of divide is multiply
we need to multiply

***

winter ritual
preserving summer's citrus
marmalade sunshine

***

you purring on my lap
all the proof
that I need

***

reached a huge goal today
celebrated big
extra recess!

***

gentle rain tapping
a cat at my feet while painting
unspoken friendship

so many kisses
so many princesses
poor frogs

***

solo this year
Amazon is
my Easter bunny

***

I wake
and the day softly filters in
until I remember

***

visiting my dad
I see your footprints
from three decades ago

***

springtime
we go through so many tissues
in my fourth grade

spring is arriving
on the other side of
my window

***

six inches of snowfall
melting into the earth
watering spring

***

so much on the horizon
end of the school year, your wedding
I'm not even close to ready

***

too much, too soon
cancer scans, graduation, wedding
my heart is bracing

***

I am still broken
my heart shattered from your leaving
mending a piece at a time

the laughter of friends
time in nature, a new cat
putting the pieces together

***

the echo
of Easter morning joy
softens life

***

unfathomable
each day's headlines
bracing for the news

***

laughter at the bar
Tom Cruise flipping bottles
quintessential Cocktail

***

six weeks from today
my son is getting married
what's the opposite of blue?

apple pie moonshine
wicked good stuff
Justified

***

that moment
reality sinks in
you know it's love

***

transfixed
your simple beauty
constant, gentle movement

***

27
degree wishes
spring breeze

***

that moment...
my new cat discovers
her toys

one-word poems
on dying, rejuvenation...
Lent, Easter

***

allies since ancient Rome
Italy and the US
Hmm….

***

when all I have
are questions
my heart is why-ing

***

180 in two days
all-time highs to late snow
springtime whiplash

***

draped over my lap
an entire evening
rejuvenation

looking out my window
I see first snow descending
through winter moon's light

***

I rush
to greet the day
open wide

***

there's a sparkle
to this new day
freshly born

***

up before dawn
guided by fairy lights
my heart aflutter

***

seems so simple
following
the Golden Rule...

lightening my load
one yoga session at a time
luggage

***

Advent
candlelight as company
while we wait

***

Advent
week by week we celebrate
hope, faith, joy, peace, love

***

waiting
week by week, day by day
Advent

***

Advent
in the bleak midwinter
a candle lights the way

Advent
no sugar coating the truth
no choice but wait

***

before the
madness begins
in saunters Advent

***

the most universally
unwanted gift
fruitcake

***

am craving
stillness in my heart
the stirring of contentment

***

fight, flight or freeze
my choice is flight
somewhere with a beach, please

***

scrolling on my phone
I caught a murmur of your purr
gone last May

sucker punched again
flying home
Mom still gone….

***

will travel
ever be easy
again

***

sometimes
the company of strangers
good medicine

***

cold autumn fingers
harbinger of winter
I shiver

***

end-of-term
reflection
report cards

***

giving
it all away
generosity

how is it July
I have so much more
June-ing to do

***

pjs, stuffies...
Polar Express
my kind of party

***

my class
pranked me at end of day
googly-eyes on foreheads

***

teaching fourth grade
students ping pong around the room
ready for recess

***

entering
the gentle gloaming
giving thanks

close-election eve
equal parts white-knuckle-dread
can't-wait-hopefulness

***

after the keening ends
leaning on each other
to go on

***

of all the themes
that live in my heart
this one's my favorite

***

the earth turns
orbiting on its axis
spiraling, like you

***

mere feet
from a two-fire-truck fire last night
"Beyond the Glory" firework

with each explosion
my heart and body jolt
I feel for every vet

***

the back-up beep
of early morning trash trucks
in synch with Mozart

***

I can smell
a whiff from time to time
last night's fire

***

the gift of gab
only for
the giver

***

it truly is
the thought that counts
gift

after the gifts are opened
the best part for my cat
playing in boxes

***

suspended
between sand and sky
by only you

***

will this be
the last time
won’t know till it is

***

my family
wouldn’t exist without
Dr. King’s legacy

***

wondering to myself
can I freeze one
buy-one-get-one-free dilemma

new era
grocery store gift cards
coveted Christmas gifts

***

these days
coupon clipping should be
an olympic sport

***

even store brands
are sometimes
too rich for my blood

***

evaluating
is the broccoli too far gone
or can I use it for soup

***

grocery-store dilemma
milk or eggs
this week

anger burns
on the fuel of unrequited
love

***

I am at loose ends
bored, with no one
to hijack me

***

paint under my nails
nothing else to do but
paint some more

***

isn't it funny
I still make fried eggs
even though they're your favorite

***

those times when a song
comes on the radio and you
sing every word to me

neighbor's new lights
about to give me
epilepsy

***

mall Santa
midday beer breath
buzz kill

***

this year's
only Christmas to-do list
Hallmark movie binge

***

who will I cajole
to help with the tree
now that you're gone

***

memories play
a movie in my mind
Christmases past

I dread
opening the Christmas boxes
your stocking, there

***

mixing colors
trying to find that perfect
magenta-hot pink

***

falling asleep
midway in my movie
I finish it in my dream

***

post-turkey nap
my cat snores
louder than me

***

returning
to favorite movies
anticipation overrated

a baby sleeps
amid the chaos
not-so-silent night

***

what happens
to all the poems
when I cannot find a pen

P.S.

I need
to buy
more pens

***

I can taste hope
till it turns bitter
on my tongue

***

flying into time
I lose hours
and gain ground

***

flying against time
I gain hours
and lose distance

warm by the fire
the sea, the sand, and I—
anticipating

***

together
floating a lazy river
tube, water, me

***

swimsuits
beach towels
flood the line

***

I hear the oceans
echo from across the ages
uplifting calm

***

a day at the beach
sun, waves, petoskey hunting—
recipe for calm

something about his voice
grates until I
snap off the TV

***

offbeat cymbals
insidious clashing
novice drummer

***

empty wallet
riches of generosity
full heart

***

efforts
to quell the tide drowned out
ocean's roar

***

streets are empty
the morning after
no rush to the day

you are equal parts
entirely safe and
the antithesis of safe…

***

blue
tinged with gentleness
gives wings to my heart

***

not enough hours
for all this living to do
lovely dilemma

***

I wake
and wonder
is it Christmas

***

flying home today
leaving my heart
behind

light reflected
patterns patterns
everywhere

***

traveling
anticipating
wheels up, touch down

***

pulling inward
magnetic spiral
hard-to- break pattern

***

why is it
the things we like least
seem to outperform

***

what a dreadful job
ferrying across River Styx
poor old Charon

I’m so cold
all the way in
to my bones

***

descending
into a valley’s cool
shivers

***

packing for home
will everything I need
fit in a suitcase

***

watching the news
projections of blizzard
my plane still ascends

***

that nagging feeling
what have I forgotten
this time

wearing blue
this week after
cold comfort

***

instant conversation
on board the plane
serendipity

***

awaiting
that first tight, long hug
from Dad

***

leaving snow behind
the air is no-man's land
arriving in 80-degree bliss

***

even in good times
every moment, every day
missing your company

my eye is pulled
around and through
whimsical delight

***

Miro
a mirror of life
whimsy, color, joy

***

so much going on
merry-go-round
in art, in life
***
first fuzzy bite
juice runs down my chin
Lafayette Peach Festival

***

teaching fourth grade
which witch do I use
Halloween writing

liberty
justice for all
eight more days…

***

the mask you wear
24-7 year round
plastic

***

spreading purple joy
godspeed
speedwell

***

thick skinned
crunchy core
the perfect bite

***

today's earworm
shake it off, shake it off
swift-ie

black ink
smudged on my fingertips
changing ribbons

***

four- way tie
fly, mosquito, fruit fly, ant
least-favorite insects

***

once lived
in a nature center house
showered after pond life

***

I am not ready
for climate change
still wearing flip flops

***

echoes
of frog-croak chorus
pond-life memory

afternoon nap
cat spooning me
second wind

***

ah, Sunday
stretching out before me
diaphanously

***

sinking into night
moon's light awakens me
night owl

***

your last words
a final, silent breath
sublimation

***

tomorrow
my anniversary
first one divorced

one more week or so
flip-flop wearing weather
then it's closed-toe shoes, baby

***

such relief
the end-of-day
bra-off moment

***

covering up
wicked bed head
cowboy hat

***

aloof
until they want something
cats

***

the morning sun shines
straight through the blinds at eye level
December

too cold to go out
too bored to stay in
December

***

a cup of hot tea
with a swirl of honey–
across from you

***

moving...
those who have the least
sometimes share the most

***

dragon hat
polka dot armor
height of fashion

***

grief lies dormant
buried just beneath
the surface

knit one, pearl two
row by row by row
life extends outward

***

the sound of rain
harsh against the windows
summer storm

***

out on the Harley
sheltering from the rain –
double rainbow

***

last visit
to my house on a lake
unexpected rainbow

***

through the windshield
beneath a Kansas overpass—
rain, hail, tornado

heading home
together through the rain
the radio softly plays

***

after the rain
no path
only sludge

***

the first waft of rain
before it falls from the clouds—
heavensent

***

your purr in my ear
such a gentle
good morning

***

one extra hour
to lie awake this morning
fall back

waiting
for inspiration
theme, patience

***

gurgling past
carrying my woes
you wash my soul clean

***

stepping into your dark
coolness of your embrace
invigorates me

***

deep exhale
breathing you in
replenishing

***

so often
quirks return
fashion trend

true friends
we appreciate each other
quirks and all

***

brave enough
to show our quirks
authentic living

***

the infinite power
words of gratitude and love
to hear, to speak

***

today
I kick despair to the curb
beside the trash bins

***

zucchini bandits
strike again
no one is safe

you will forever be
the trapdoor
of my heart

***

the TARDIS
my trapdoor
of time

***

killing time
till we have to leave
for your funeral

***

airport
security lines
friendship makers

***

summer in Chico
too hot to cook
popsicles for dinner

when doves cry
in the dead of night
I remember you

***

surprise shower
in the WalMart parking lot
broken sprinkler (still on)

***

once lived
yearning to experience
again

***

mourning the loss
of each minute of sunlight
tipping past summer solstice

***

leaving you behind
grows harder every time–
is this the last?

a train whistle blows
long and low in the distance
and you are here

***

buying vinyl
before a turntable
I am out of order

***

as I shop for just myself
I often wonder
how do families do this?

***

resting on your shore
I float upon your surface
a cloud my vessel

***

calendar page turns
falling into memories
October

some nights
right as I'm falling asleep
you walk into my dreams

***

in search of treasures
washed up
on the sand

***

sinking
into the warm beach
sandman

***

how's it possible
what we lose is so heavy
to carry

***

inside out PJs
dreaming of a
snow day

summer's finale
90-degree weather
for the leaves' change

***

giving thanks
for every wrong
move

***

Thanksgiving Eve
I'm grateful for the stars above
light in a dark world

www.ingramcontent.com/pod-product-compliance
Ingram Content Group UK Ltd.
Pitfield, Milton Keynes, MK11 3LW, UK
UKHW041316190726
13845UKWH00025B/313

9 789363 546080